AF430785

लड़की की परिभाषा

हर लड़की को समर्पित

निमिषा सोनारे

Copyright © Nimisha Sonare
All Rights Reserved.

ISBN 979-888569696-8

This book has been published with all efforts taken to make the material error-free after the consent of the author. However, the author and the publisher do not assume and hereby disclaim any liability to any party for any loss, damage, or disruption caused by errors or omissions, whether such errors or omissions result from negligence, accident, or any other cause.

While every effort has been made to avoid any mistake or omission, this publication is being sold on the condition and understanding that neither the author nor the publishers or printers would be liable in any manner to any person by reason of any mistake or omission in this publication or for any action taken or omitted to be taken or advice rendered or accepted on the basis of this work. For any defect in printing or binding the publishers will be liable only to replace the defective copy by another copy of this work then available.

यह किताब हर लड़की को समर्पित है। आपके प्रति यह समर्पण आपको अपनी शक्ति का उदाहरण स्थापित करने के लिए प्रेरित करेगा। यह समर्पण आपको हर किसी को अपनी शक्ति दिखाने और अपने लिए लड़ने के लिए प्रेरित कर सकता है।

क्रम-सूची

प्रस्तावना

यह पुस्तक लड़कियों के बारे में है। यह लड़कियों के साथ किए गए भेदभाव के खिलाफ है। यह हर लड़की को खुद के लिए लड़ने के लिए प्रेरित करेगी। यह पुस्तक पाठकों को लड़कियों की शक्ति के बारे में जागरूक करने की कोशिश कर रही है। जैसा कि पुस्तक का शीर्षक बताता है कि यह हर लड़की को अपना परिचय देने की कोशिश कर रही है। इस पुस्तक को पढ़ना वास्तव में प्रेरणादायक होगा।

भूमिका

मैंने लड़कियों के बारे में सबको बताने के लिए यह किताब लिखी है। मैंने यह पुस्तक हर लड़की की शक्ति को परिभाषित करने के लिए लिखी है। यह लड़कियों के साथ किए गए भेदभाव के खिलाफ है। यह पुस्तक हर लड़की को खुद के लिए लड़ने के लिए प्रेरित करेगी। यह पुस्तक पाठकों को लड़कियों की शक्ति के बारे में जागरूक करने की कोशिश कर रही है। यह पुस्तक ऐसे लोगों की मानसिकता में बदलाव लाने की कोशिश कर रही है जो लड़कियों और लड़कों में भेदभाव करते हैं।

पावती (स्वीकृति)

इस विषय पर लिखना वास्तव में वही था जो मैंने पाया कि यह सोच पाठकों तक पहुँचनी चाहिए। यह देखने के बाद कि बहुत सारे घटनाक्रमों के बाद भी संकीर्ण मानसिकता वाले कुछ लोग लड़कियों के साथ भेदभाव करते हैं और लड़कों की तुलना में लड़कियों के साथ अलग तरह से व्यवहार करते हैं, जो कि सोचना पूरी तरह से गलत है इसलिए मुझे लड़कियों के लिए अपने विचार लिखने और उन्हें गलत साबित करने का अवसर मिला है और मुझे आशा है कि यह पुस्तक उस तरह की मानसिकता को बदल सकती है और समाज में परिवर्तन और विकास ला सकती है।

आमुख

यह किताब लड़कियों के बारे में है। लड़कियों के साथ होने वाले भेदभाव के खिलाफ है। यह किताब ऐसे लोगों की मानसिकता में बदलाव लाने की कोशिश कर रही है जो लड़कियों और लड़कों में भेदभाव करते हैं।

1

लड़कियाँ : शक्ति का दूसरा नाम

खुद पर विश्वास रखो और अपने अधिकारों के लिए लड़ो

लड़की शक्ति का दूसरा नाम है लेकिन भारत में लिंग की असमानता अभी भी मौजूद है। भारतीय समाज में महिलाओं के रूप में जन्म लेने के

कारण सभी स्तरों पर लैंगिक भेदभाव का सामना करना पड़ता है। घरेलू स्तर पर - महिलाओं को उनके घरेलू कामों की सीमा तक सीमित कर दिया जाता है, बच्चों की परवरिश परिवारों की देखभाल, उसकी शिक्षा की डिग्री या उसकी नौकरी की परवाह किए बिना। उसके कार्यस्थल पर: महिलाओं को नौकरी के अवसरों के लिए पहुँच प्रदान की गई है और उन्हें काम के लिए कम भुगतान किया जाता है।

लड़कियाँ : शक्ति का दूसरा नाम

एक लड़की की शक्ति पूरी दुनिया को बदल सकती है। लड़कियों में हीमा दास, मदर टेरेसा, साइना नेहवाल, कल्पना चावला, इंदिरा गांधी, रानी लक्ष्मी बाई, पीटी उषा, गुंजन सक्सेना, अरुणिमा सिन्हा, ईरा सिंघल, सरोजिनी नायडू, किरण बेदी, सावित्रीबाई, सिंधुताई सपकाल, मैरी कॉम , लक्ष्मी अग्रवाल, सुनीता कृष्णन और कई अन्य लड़कियों ने लड़कियों की शक्ति के लिए अपना उदाहरण पेश किया है। हर लड़की में यह शक्ति है और अगर लड़कियों को मौका दिया जाता है या वह निश्चित रूप से खुद के अधिकारों के लिए खड़ी होती है, तो आपका नाम भी ऐसे उदाहरणों में होगा।

शक्ति का एक बहुत अच्छा उदाहरण आपके घर में ही मौजूद है आपकी माँ।वह एक साथ बहुत सारी जिम्मेदारियाँ संभालती है। लड़कियों ने अब हर क्षेत्र में प्रसिद्धि प्राप्त की है । कभी भी यह न भूलें कि लड़की शक्ति का दूसरा नाम है।

माँ घर की और बच्चों की जिम्मेदारियाँ तो संभालती ही है साथ ही अपनी नौकरी भी संभालती है। हर लड़की में सब कुछ करने की शक्ति होती है। बस हमें हमारी प्रतिभा , हमारी शक्ति को पहचानना होगा।

2

लड़कियाँ जो भेदभाव के खिलाफ लड़ी और सफलता हासिल की

भारत में लड़कियों के साथ भेदभाव कई सालों से चला रहा है। आजकल भारत में भी कई संकुचित मानसिकता वाले लोग लड़कियों को बोझ मानते हैं।लड़कियों ने हर क्षेत्र में तरक्की हासिल कर ली है चाहे वह खेल का हो चाहे वह विज्ञान का क्षेत्र हो , हर क्षेत्र में लड़कियां अव्वल है फिर भी लड़कियों को लड़कों के बराबर कुछ लोगों द्वारा समान दर्जा नहीं दिया जाता।

कुछ लोग तो लड़कियों के जन्म लेने पर उदास हो जाते हैं वे लोग यह नहीं सोचते कि अगर वह लड़कियों का साथ देंगे तो वह उनको गर्व महसूस करवाएगी |

ऐसा ही एक मशहूर बैडमिंटन खिलाड़ी **साइना नेहवाल** के साथ भी हुआ जब उनका जन्म हुआ था तब उनकी दादी को लड़की होने पर खुशी नहीं हुई थी पर आज पूरे भारत और उनकी दादी को भी उन पर गर्व है |

जब **गुंजन सक्सेना** का सपना भारतीय वायु सेना में जाने का था तब उनके भाई और उनकी मां ने भी उन्हें कहा कि वायु सेना में जाना लड़कियों का काम नहीं है पर उन्होंने मेहनत की और खुद का सपना साकार किया उन्होंने दिखा दिया कि लड़कियां सब कुछ कर सकती है आज उनकी मां और भाई को भी उन पर गर्व है |उन्होंने अपना सपना पूरा कर रूढ़िवादिता को चुनौती दी और जीत कर साबित कर दिया कि ऐसा कोई काम नहीं जो लड़कियाँ नहीं कर सकती।

लड़कियाँ भेदभाव के खिलाफ लड़ी और सफलता हासिल की

इरा सिंघल ने अपनी चौथी ही कोशिश में 2014 प्रशासनिक सेवा की परीक्षा में प्रथम स्थान प्राप्त किया । वह सामान्य वर्ग की ऐसी पहली लड़की बनी जिन्होंने दिव्यांग होकर भी प्रशासनिक सेवा की परीक्षा में प्रथम स्थान प्राप्त किया हो । पर यह पहली बार नहीं था कि उन्होंने इस परीक्षा को पास किया था। 2010 में इरा सिंघल ने इस परीक्षा को पास किया था । पर 62% दिव्यांगता होने के कारण उन्हें यह पद नहीं दिया गया। उनकी रीढ़ की हड्डी में तकलीफ थी जिसके कारण उनकी दोनों बुझाओं पर प्रभाव पड़ा। अधिकारियों ने कहा कि उनकी दिव्यांगता के

कारण वो भारी चीज नहीं उठा सकती है पर इरा ने तो ठान लिया था उन्होंने हार नहीं मानी। उन्होंने कोशिश जारी रखी और जब 2014 में उन्होंने प्रथम स्थान प्राप्त किया तब उन्हें नियम के अनुसार पद दिया जाना चाहिए था। उन्होंने कहा कि नियम के अनुसार वे एक आई॰ए॰एस॰ ऑफिसर बन सकती है। उन्होंने बताया कि कैसे वह आई॰ए॰एस॰ बनकर नारी शक्ति , बच्चों के लिए और दिव्यांग लोगों के लिए कैसे कार्य करेगी।

ईरा सिंघल आई॰ए॰एस॰

"इरा ने कहा कि "अपनी बेटियों को पढ़ाई और कार्य करने दे। उन्हें बाहर की दुनिया में जाकर स्वयं की जिंदगी बनाने दे।""

सिंधुताई सपकाल [1948-2022]

सिन्धुताई सपकाल अनाथ बच्चों के लिए समाजकार्य करनेवाली मराठी समाज कार्यकर्ता थी। उन्होने अपने जीवन मे अनेक समस्याओं

के बावजूद अनाथ बच्चों को सम्भालने का कार्य किया है।सिन्धुताई का जन्म १४ नवम्बर १९४८, महाराष्ट्र के वर्धा जिले में 'पिंपरी मेघे' गाँव मे हुआ। उनके पिताजी का नाम 'अभिमान साठे' है, जो कि एक चरवाह थे। क्योंकि वे घर मे नापसंद बच्ची (क्योंकि वे एक बेटी थी; बेटा नही) थी, इसलिए उन्हे घर मे 'चिंधी'(कपड़े का फटा टुकड़ा) बुलाते थे। परन्तु उनके पिताजी सिन्धु को पढ़ाना चाहते थे, इसलिए वे सिन्धु कि माँ के खिलाफ जाकर सिन्धु को पाठशाला भेजते थे। माँ का विरोध और घर की आर्थिक परस्थितीयों की वजह से सिन्धु की शिक्षा मे बाधाएँ आती रही। आर्थिक परस्थिती, घर की जिम्मेदारियां और बालविवाह इन कारणों की वजह से उन्हे पाठशाला छोड़नी पड़ी जब वे चौथी कक्षा की परीक्षा उत्तीर्ण हुई।

जब उनकी उम्र २० साल की थी तब वे माँ बनी थी। गाँववालों को उनकी मजदुरी के पैसे ना देनेवाले गाँव के मुखिया की शिकायत सिन्धुताई ने जिला अधिकारी से की थी। अपने इस अपमान का बदला लेने के लिए मुखिया ने श्रीहरी (सिन्धुताई के पती) को सिन्धुताई को घर से बाहर निकालने के लिए प्रवृत्त किया जब वे ९ महिने की पेट से थी। उसी रात उन्होने तबेले में एक बेटी को जन्म दिया। जब वे अपनी माँ के घर गयी तब उनकी माँ ने उन्हे घर मे रहने से इनकार कर दिया (उनके पिताजी का देहांत हुआ था वरना वे अवश्य अपनी बेटी को सहारा देते)। सिन्धुताई अपनी बेटी के साथ रेल्वे स्टेशन पे रहने लगी। पेट भरने के लिए भीक माँगती और रात को खुद को और बेटी को सुरक्षित रखने हेतू शमशान मे रहती। उनके इस संघर्षमय काल मे उन्होंने यह अनुभव किया कि देश मे कितने सारे अनाथ बच्चे है जिनको एक माँ की जरुरत है। तब से उन्होने निर्णय लिया कि जो भी अनाथ उनके पास आएगा वे उनकी माँ बनेंगी। उन्होने अपनी खुद की बेटी को 'श्री दगड़ुशेठ हलवाई, पुणे, महाराष्ट्र' ट्रस्ट मे गोद दे दिया ताकि वे सारे अनाथ बच्चों की माँ बन सके।

सिन्धुताईने अपना पुरा जीवन अनाथ बच्चों के लिए समर्पित किया है। इसलिए उन्हे "माई" (माँ) कहा जाता है। उन्होने १०५० अनाथ बच्चों को गोद लिया है। उनके परिवार मे आज २०७ दामाद और ३६ बहूएँ

है। १००० से भी ज्यादा पोते-पोतियाँ है। उनकी खुद की बेटी वकील है और उन्होने गोद लिए बहुत सारे बच्चे आज डाक्टर, अभियंता, वकील है और उनमे से बहुत सारे खुदका अनाथाश्रम भी चलाते हैं। सिन्धुताई को कुल २७३ राष्ट्रीय और आंतरराष्ट्रीय पुरस्कार प्राप्त हुए है जिनमे "अहिल्याबाई होळ्कर पुरस्कार है जो स्त्रियाँ और बच्चों के लिए काम करनेवाले समाजकर्ताओंको मिलता है महाराष्ट्र राज्य सरकार द्वारा। यह सारे पैसे वे अनाथाश्रम के लिए इस्तमाल करती है। उनके अनाथाश्रम पुणे, वर्धा, सासवड (महाराष्ट्र) मे स्थित है। २०१० साल मे सिन्धुताई के जीवन पर आधारित मराठी चित्रपट बनाया गया "मी सिन्धुताई सपकाळ", जो ५४ वे लंडन चित्रपट महोत्सव के लिए चुना गया था।

सिन्धुताई कविता भी लिखती है। और उनकी कविताओं मे जीवन का पूरा सार होता है। वे अपनी माँ के आभार प्रकट करती है क्योकि वे कहते है अगर उनकी माँ ने उनको पति के घर से निकालने के बाद घर मे सहारा दिया होता तो आज वो इतने सारे बच्चों की माँ नहीं बन पाती। सिंधुताई ने अन्य समकक्ष संस्था की स्थापना की वह निम्नलिखित है बाल निकेतन हडपसर ,पुणे सावित्रीबाई फुले लडकियों का वसतिगृह, चिखलदरा अभिमान बाल भवन , वर्धा गोपिका गाईरक्षण केंद्र , वर्धा (गोपालन) ममता बाल सदन, सासवड सप्तसिंधु महिला आधार बालसंगोपन व शिक्षणसंस्था, पुणे आंतरराष्ट्रीय स्तर पर सिंधुताई ने अपनी संस्था के प्रचार के लिए और कार्य के लिए निधी संकलन करने के हेतू से प्रदेश दौरे किए आंतरराष्ट्रीय मंचपर उन्होंने अपनी वाणी और काव्य से समाज को प्रभावित किया है। विदेशी अनुदान आसानी पूर्वक मिले इस उद्देश से उन्होंने मदर ग्लोबल फाउंडेशन संस्था की स्थापना की।

अगर हम भी सिंधुताई सपकाल की तरह हमारे साथ हो रहे भेदभाव के खिलाफ आवाज उठाना सीख ले तो हमें सफल होने से कोई नहीं रोक सकता ।

याद रखें कि लड़कियाँ जो स्वयं के अधिकारों के लिए लड़ी उन्होंने सफलता प्राप्त की ।

3

लड़कियों की शैक्षिक अधिकारों के लिए लड़ाई

शिक्षा जीवन जीने का एक अनिवार्य हिस्सा है चाहे वह लड़का हो या लड़की हो। महिला के अधिकारों की रक्षा में शिक्षा सबसे महत्वपूर्ण भूमिका निभाती है। यह लिंग के आधार पर भेदभाव को रोकने में भी मदद करती है। शिक्षा महिलाओं को जीवन के मार्ग को चुनने का अधिकार देने का पहला कदम है जिस पर वह आगे बढ़ती है। एक शिक्षित महिला में कौशल, सूचना, प्रतिभा और आत्मविश्वास होता है जो उसे एक बेहतर मां, कर्मचारी और देश का निवासी बनाती है। महिलाएं हमारे देश की आबादी का लगभग आधा हिस्सा हैं। पुरुष और महिलाएं सिक्के के दो पहलूओं की तरह हैं और उन्हें देश के विकास में योगदान करने के समान अवसर की आवश्यकता होती है|

शिक्षा जीवन जीने का एक अनिवार्य हिस्सा है चाहे वह लड़का हो या लड़की हो

लड़कियों की शिक्षा का महत्व

लड़कियों की शिक्षा में कई फायदे हैं। एक सुशिक्षित और सुशोभित लड़की देश के विकास में महत्वपूर्ण भूमिका निभा सकती है। एक शिक्षित लड़की विभिन्न क्षेत्रों में पुरुषों के काम और बोझ को साझा कर सकती है। एक शिक्षित लड़की की अगर कम उम्र में शादी नहीं की गई तो वह लेखक, शिक्षक, वकील, डॉक्टर और वैज्ञानिक के रूप में देश की सेवा कर सकती हैं। इसके अलावा वह अन्य महत्वपूर्ण क्षेत्रों में भी बहुत अच्छी तरह से प्रदर्शन कर सकती है।

आर्थिक संकट के इस युग में लड़कियों के लिए शिक्षा एक वरदान है। आज के समय में एक मध्यवर्गीय परिवार की जरूरतों को पूरा करना वास्तव में कठिन है। शादी के बाद अगर एक शिक्षित लड़की काम करती है तो वह अपने पति के साथ परिवार के खर्चों को पूरा करने में मदद कर सकती है। अगर किसी महिला के पति की मृत्यु हो जाती है तो वह काम करके पैसा कमा सकती है।

शिक्षा महिलाओं के सोच के दायरे को भी बढ़ाती है जिससे वह अपने बच्चों की परवरिश अच्छे से कर सकती है। इससे वह यह भी तय कर सकती है कि उसके और उसके परिवार के लिए क्या सबसे अच्छा है।

शिक्षा एक लड़की को आर्थिक रूप से स्वतंत्र बनने में मदद करती है ताकि वह अपने अधिकारों और महिलाओं के सशक्तिकरण को पहचान सके जिससे उसे लिंग असमानता की समस्या से लड़ने में मदद मिले। किसी भी राष्ट्र का सुधार लड़कियों की शिक्षा पर निर्भर करता है। इसलिए लड़कियों की शिक्षा को प्रोत्साहित किया जाना चाहिए।

देश के भविष्य के लिए भारत में लड़कियों की शिक्षा आवश्यक है क्योंकि महिलायें अपने बच्चों की पहली शिक्षक हैं जो देश का भविष्य हैं। अशिक्षित महिलाएं परिवार के प्रबंधन में योगदान नहीं दे सकती और बच्चों की उचित देखभाल करने में नाकाम रहती हैं। इस प्रकार भविष्य की पीढ़ी कमजोर हो सकती है। लड़कियों की शिक्षा के कई फायदे हैं। कुछ का उल्लेख निम्नानुसार है:

शिक्षित महिला अपने भविष्य को सही आकार देने में अधिक सक्षम हैं।

शिक्षित महिलाएं काम करने और आर्थिक रूप से मजबूत होने के कारण गरीबी को कम करने में सक्षम हैं।

शिक्षित महिलाओं की वजह से बाल मृत्यु दर का कम जोखिम होता है।

शिक्षित महिलाएं दूसरी महिलाओं की अपेक्षा 50% अधिक अपने बच्चों की रक्षा करने में सक्षम हैं।

शिक्षित महिलाओं को एचआईवी / एड्स के संपर्क में आने की संभावना कम होती है।

शिक्षित महिलाओं को घरेलू या यौन हिंसा के शिकार होने की संभावना कम होती है।

शिक्षित महिलाओं ने भ्रष्टाचार को कम किया है और उन स्थितियों को बदल दिया है जो आतंकवाद को जन्म देती हैं।

शिक्षित महिलाएं परिवार की आय में योगदान करने के लिए बेहतर संचालन कर रही हैं।

शिक्षित महिलाएं स्वस्थ होती है और उनमें भरपूर आत्म सम्मान और आत्मविश्वास होता है।

शिक्षित महिलाएं अपने समुदाय को योगदान देने और समृद्ध करने में मदद करती है।

महिलाएं जो शिक्षित होती हैं वे दूसरों में शिक्षा को बढ़ावा देने की क्षमता रखती हैं।

शिक्षित महिला बिना किसी संदेह के अपने परिवार को अधिक कुशलता से संभाल सकती हैं। वह बच्चों में अच्छे गुण प्रदान करके परिवार के प्रत्येक मेंबर को उत्तरदायी बना सकती हैं। शिक्षित महिला सामाजिक कार्यकलापों में भाग ले सकती हैं और यह सामाजिक-आर्थिक रूप से स्वस्थ राष्ट्र के लिए एक बड़ा योगदान हो सकता है।

एक आदमी को शिक्षित करके केवल राष्ट्र का कुछ हिस्सा शिक्षित किया जा सकता है जबकि एक महिला को शिक्षित करके पूरे देश को शिक्षित किया जा सकता है। लड़कियों की शिक्षा की कमी ने समाज के शक्तिशाली भाग को कमजोर कर दिया है। इसलिए महिलाओं को शिक्षा का पूर्ण अधिकार होना चाहिए और उन्हें पुरुषों से कमजोर नहीं मानना चाहिए।

सावित्रीबाई फुले [1822-1891]

सावित्रीबाई ज्योतिराव फुले भारत की प्रथम महिला शिक्षिका, समाज सुधारिका एवं मराठी कवियत्री थीं। उन्होंने अपने पति ज्योतिराव गोविंदराव फुले के साथ मिलकर स्त्री अधिकारों एवं शिक्षा के क्षेत्र में उल्लेखनीय कार्य किए। उन्हें आधुनिक मराठी काव्य का अग्रदूत माना जाता है। 1852 में उन्होंने बालिकाओं के लिए एक विद्यालय की स्थापना की | सावित्रीबाई फुले भारत के पहले बालिका विद्यालय की पहली प्रिंसिपल और पहले किसान स्कूल की संस्थापक थीं। महात्मा ज्योतिराव को महाराष्ट्र और भारत में सामाजिक सुधार आंदोलन में एक सबसे महत्वपूर्ण व्यक्ति के रूप में माना जाता है। उनको महिलाओं और दलित जातियों को शिक्षित करने के प्रयासों के लिए जाना जाता है। ज्योतिराव, जो बाद में ज्योतिबा के नाम से जाने गए सावित्रीबाई के संरक्षक, गुरु और समर्थक थे। सावित्रीबाई ने अपने जीवन को एक मिशन की तरह से जीया जिसका उद्देश्य था विधवा विवाह करवाना, छुआछूत मिटाना, महिलाओं की मुक्ति और दलित महिलाओं को शिक्षित बनाना। वे एक कवियत्री भी थीं उन्हें मराठी की आदिकवियत्री के रूप में भी जाना जाता था।

वे स्कूल जाती थीं, तो विरोधी लोग उनपर पत्थर मारते थे। उन पर गंदगी फेंक देते थे। आज से 171 साल पहले बालिकाओं के लिये जब स्कूल खोलना पाप का काम माना जाता था तब ऐसा होता था।

सावित्रीबाई पूरे देश की महानायिका हैं। हर बिरादरी और धर्म के लिये उन्होंने काम किया। जब सावित्रीबाई कन्याओं को पढ़ाने के लिए जाती थीं तो रास्ते में लोग उन पर गंदगी, कीचड़, गोबर, विष्ठा तक फेंका करते थे। सावित्रीबाई एक साड़ी अपने थैले में लेकर चलती थीं और स्कूल पहुँच कर गंदी कर दी गई साड़ी बदल लेती थीं। अपने पथ पर चलते रहने की प्रेरणा बहुत अच्छे से देती हैं।

3 जनवरी 1848 में पुणे में अपने पति के साथ मिलकर विभिन्न जातियों की नौ छात्राओं के साथ उन्होंने महिलाओं के लिए एक विद्यालय की स्थापना की। एक वर्ष में सावित्रीबाई और महात्मा फुले

पाँच नये विद्यालय खोलने में सफल हुए। तत्कालीन सरकार ने इन्हे सम्मानित भी किया। एक महिला प्रिंसिपल के लिये सन् 1848 में बालिका विद्यालय चलाना कितना मुश्किल रहा होगा, इसकी कल्पना शायद आज भी नहीं की जा सकती। लड़कियों की शिक्षा पर उस समय सामाजिक पाबंदी थी। सावित्रीबाई फुले उस दौर में न सिर्फ खुद पढ़ीं, बल्कि दूसरी लड़कियों के पढ़ने का भी बंदोबस्त किया | 10 मार्च 1897 को प्लेग के कारण सावित्रीबाई फुले का निधन हो गया। प्लेग महामारी में सावित्रीबाई प्लेग के मरीजों की सेवा करती थीं। एक प्लेग के छूत से प्रभावित बच्चे की सेवा करने के कारण इनको भी छूत लग गया। और इसी कारण से उनकी मृत्यु हुई |

4

लड़कियों की चुनौती : रूढ़िवादिता को

हम एक अच्छी तरह से विकसित और स्वतंत्र देश में रह रहे हैं लेकिन फिर भी समाज में कुछ लोग पुरानी संकीर्ण मानसिकता के साथ सोचते हैं और लिंग के आधार पर रूढ़ियों का पालन करते हैं | लिंग रूढ़िबद्धता लड़कियों और लड़कों की प्राकृतिक प्रतिभाओं और क्षमताओं के विकास

के साथ-साथ उनके शैक्षिक और व्यावसायिक अनुभवों और सामान्य रूप से जीवन के अवसरों को सीमित कर सकती है। महिलाओं के बारे में रूढ़िवादिता दोनों ही महिलाओं के प्रति गहरे निहित दृष्टिकोणों, मूल्यों, मानदंडों और पूर्वाग्रहों का परिणाम है और इसका कारण भी हैं। उनका उपयोग महिलाओं पर पुरुषों की शक्ति के ऐतिहासिक संबंधों के साथ-साथ महिलाओं की उन्नति को रोकने वाले दृष्टिकोणों को सही ठहराने और बनाए रखने के लिए किया जाता है।

खेल में अपना नाम कमाया

एक रूढ़िवादिता यह भी है कि लड़कियां खेल में अच्छी नहीं हैं, लेकिन हिमा दास, पी॰टी॰ उषा, पीवी सिंधु, साइना नेहवाल, और कई अन्य लड़कियों ने खेल में अपना नाम कमाया और पूरे देश को गौरवान्वित महसूस कराया। उन्होंने साबित कर दिया कि ऐसा कोई काम नहीं है जो लड़किया नही कर सकती।

रूढ़िवादिता ये भी है, कि लड़कियां कमजोर होती हैं, लेकिन अरुणिमा सिन्हा , इरा सिंघल और कई अन्य लड़कियों ने हार नहीं मानी और अपनी मेहनत से नाम कमाया। उन्होने दिव्यांग होकर भी सभी को गौरवान्वित किया। वे साबित करती हैं कि, किसी भी तरह की मुश्किलें उन्हें आकाश को छूने से नहीं रोक सकतीं, उन्होंन रूढ़िवादिता को चुनौती दी और साबित किया कि लड़कियां बहुत मजबूत होती हैं और रूढ़िवादिता को गलत साबित करती हैं, उन्होंन अपनी योग्यता को

ताकत बनाया ।

हमे इनसे प्रेरणा लेनी चाहिए। अब, यह हमारी बारी है कि हम खुद को दूसरों के सामने परिभाषित करें और इन रूढ़ियों को गलत साबित करें, हार न मानें और अपने लक्ष्य को प्राप्त करने के लिए प्रयास जारी रखे।

5

बेटियाँ भगवान का अनमोल तोहफा

जब भगवान उन लोगों को उपहार देना चाहते थे, जिन्होंने अतीत में अच्छे काम किए हो तो उन्हें प्यार, खुशी और शांति का संदेश फैलाने के लिए बेटी देते हैं। जब उन्हें धरती पर खुशियों की प्राकृतिक सौंदर्य की जरूरत थी, उन्होंने लड़कियों को बनाया । जब उन्हें दुनिया को प्रेरित करने की जरूरत पड़ी, तो उन्होंने लड़कियों को बनाया। जब वे बहुकार्यण(मल्टीटास्किंग) की शक्ति को दुनिया को दिखाना चाहते थे, उन्होंन लड़कियों को बनाया। जब वो बताना चाहते थे की ये दुनिया सबसे खुबसूरत है , उन्होंने लड़कियों को बनाया। जब वो दुनिया को यह बताना चाहते थे कि सब कुछ संभव है, तो उन्होंने लड़कियों को बनाया। उन्होंने नए जीवन को इस संसार मे लाने की अद्भुत क्षमता लड़कियो को दी क्योंकि उन्हे पता है कि लड़कियां बहुत बहादुर होती है।

बेटियाँ भगवान का अनमोल तोहफा

लड़कियां मानव जाति के लिए भगवान का सबसे अनमोल उपहार हैं। आइए हम ईश्वर के इस उपहार को संजोएं और उन्हें महत्व दें। आइए हम किसी भी स्थिति में उनका समर्थन करने का संकल्प लें। आइए हम उनका पालन-पोषण इस तरह करें कि वे समाज की ताकत के स्तंभ हों। आइए हम उन्हें खुद पर गर्व महसूस कराएं और हमेशा याद रखें कि ऐसा कोई काम नहीं है जो एक लड़की नहीं कर सकती। आइए हम उन्हें एक सुरक्षित समाज दें ताकि वे एक सकारात्मक वातावरण में विकसित हों और इस दुनिया को रहने के लिए एक खुशहाल, शांतिपूर्ण और सामंजस्यपूर्ण स्थान बना सकें। लड़कियां मूल्यवान रत्न हैं, लड़कियां अपने परिवार को नैतिक शक्ति प्रदान करती हैं। लड़कियां हर राष्ट्र का भविष्य होती हैं। उन्हें उचित सम्मान और देखभाल दी जानी चाहिए, उनके साथ निष्पक्ष व्यवहार किया जाना चाहिए। एक लड़की को भगवान का सबसे कीमती उपहार केवल अच्छे भाग्य वाले लोगों को ही मिलता है। लेकिन कुछ लोग इस उपहार को महत्व नहीं देते और जन्म के समय ही उन्हें मार देते हैं। यदि वे इस उपहार का सम्मान और महत्व देंगे तो उन्हें वास्तव में बहुत सारी खुशियाँ मिलेंगी लेकिन यह दुर्भाग्य है कि वे ईश्वर के अनमोल उपहार को महत्व नहीं देते हैं और

बेटी की हत्या करके खुशियाँ खो देते हैं। हमारे समाज में लड़कियां सबसे सम्मानित इकाई हैं। एक महिला ने हमेशा विविध गुणों का प्रदर्शन किया है, एक माँ, एक बहन, एक जीवन-साथी, एक दोस्त, एक बेटी और निश्चित रूप से प्रेरणा का स्रोत बनकर। हमारा जीवन महिलाओं से इतना प्रभावित है कि हम उन्हें अपने जीवन में उनके महत्व से नज़रअंदाज नहीं कर सकते। एक बेटी के रूप में, लड़की अपने माता-पिता के लिए सबसे बड़ा सहारा होती है, क्योंकि वह परिवार की भलाई के लिए हमेशा बलिदान देने को तैयार रहती है। एक बेटी परिवार के लिए एक संपत्ति होती है क्योंकि अक्सर हम उसे माता और पिता के साथ समान रूप से जिम्मेदारियों को साझा करते हुए देखते हैं।

हर लड़की का अधिकार है कि वह नीचे बताई गई चीजों को प्राप्त करे। यह उन्हें दिया जाना चाहिए या उन्हें लेने के लिए खड़ा होना चाहिए क्योंकि यह उनका अधिकार है और उन्हें अपने अधिकार के लिए लड़ना चाहिए... *शिक्षा के लिए समर्थन। * उनके स्वास्थ्य और जीवन रक्षा की स्थिति में सुधार करें * उन्हें सुरक्षित और सुरक्षित रहना सिखाएं। आय सृजन कौशल के साथ उन्हें सशक्त बनाएं। कैरियर उन्मुख पाठ्यक्रमों के लिए सहायता। यदि वास्तव में हर लड़की को समर्थन मिलेगा और हर कोई उन्हें समझेगा, तो भविष्य का भविष्य वास्तव में अधिक उज्ज्वल और अच्छा होगा और अगर हर लड़की अपनी अंतरात्मा की आवाज को सुनेगी और अपने लिए खड़ी होगी तो उन्हें वास्तव में खुद पर गर्व महसूस होगा ।

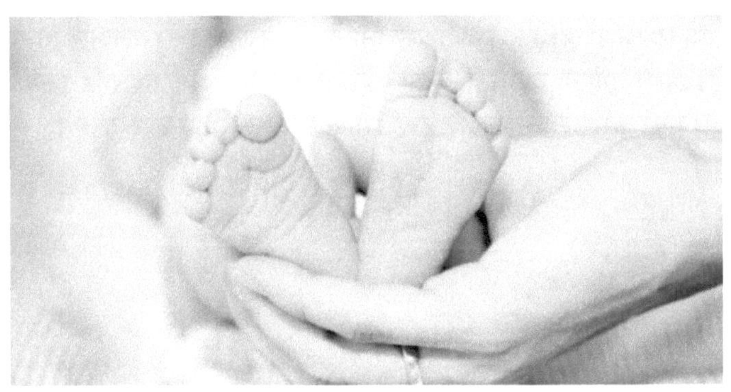

उनका सम्मान करें, उन्हें महत्व दें, उन्हें शिक्षित करें और उनका समर्थन करें।

और नीचे उल्लिखित सहित और कई भारतीय क्रिकेटर इतने भाग्यशाली हैं कि उन्हें बेटी के रूप मे ईश्वरका आशीर्वाद मिला है।

एम.एस. धोनी- बेटी

सुरेश रैना - बेटी

गौतम गंभीर - बेटियां

रोहित शर्मा - बेटी

मोहम्मद शमी - बेटी

रविचंद्रन अश्विन-बेटियां

अजिंक्य रहाणे - बेटी

रवींद्र जडेजा - बेटी

चेतेश्वर पुजारा - बेटी

रिद्धिमान साहा - बेटी

टी. नटराजन - बेटी

उमेश यादव - बेटी

हरभजन सिंह-बेटी

विराट कोहली - बेटी

यह उनका सौभाग्य है कि उन्हें बेटी के रूप मे ईश्वर द्वारा कीमती उपहार मिला है। जिसे बेटी मिलती है वो सच में किस्मतवाले होता है। अगर आपके घर बेटी हो तो बहुत ईश्वर के शुक्रगुजार रहें। उनका सम्मान करें, उन्हें महत्व दें, उन्हें शिक्षित करें और उनका स्वतंत्र रखे।

6

माँ : शक्ति 24 घंटे काम करने की

आज-कल महिलाएँ अपने करियर और घर की जिम्मेदारियाँ साथ मे संभाल रही है । वो उनकी दोनों जिम्मेदारियों में संतुलन बनाकर रखती है , और इस कारण से ही आज कामकाजी माँ को कामकाजी पिता की तुलना में अधिक तनाव होता है लेकिन फिर भी उनके चेहरे पर मुस्कान के साथ घर और नौकरी दोनों को संभालने की ताकत रखती है माँ।

माँ की शक्ति

माँ कार्यालय में नौ से पांच बजे तक काम कर सकती हैं, लेकिन कार्यालय में उनका काम खत्म नहीं होता है। आठ घंटे काम करने के

बाद, एक माँ अपने बच्चों, पति और गृह व्यवस्था की देखभाल करने के लिए घर आती है। कामकाजी पुरुषों को साप्ताहिक अवकाश मिल सकता है। लेकिन मां रोजाना बच्चे की देखभाल करती रहती है, परिवार के लिए खाना बनाती है और घर संभालती है। जब हमारी छुट्टियां चल रही होती हैं और हम घर में आनंद ले रहे होते हैं उस समय भी एक माँ अपना काम करती रहती है। एक माँ के रूप में वह पारिवारिक स्वास्थ्य अधिकारी हैं। वह परिवार के हर सदस्य,की शारीरिक भलाई के लिए चिंतित रहती है। वह घर और उनकी गतिविधियों को इस तरह व्यवस्थित करती है कि परिवार के प्रत्येक सदस्य के पास उचित भोजन, पर्याप्त नींद और पर्याप्त मनोरंजन हो। वो अपनी प्रतिभा से घर को बच्चों के लिए काफी आरामदायक और उपयुक्त स्थान बनाती है। इसके अलावा, वह इंटीरियर डिजाइन और व्यवस्था को सही है रखती है , ताकि घर आरामदायक जगह बन जाए। वह बच्चे की पहली शिक्षिका होती है। वह बच्चे को सामाजिक विरासत हस्तांतरित करती है। यह माँ से हि बच्चा नस्ल, शिष्टाचार, नैतिक संहिता और आदर्शों के नियमों को सीखता है। माँ, बच्चे के साथ अपने घनिष्ठ और निरंतर संपर्क के कारण, वह बच्चे के विशेष लक्षणों, अभिवृत्तियों और दृष्टिकोणों की खोज और पोषण करने में सक्षम है, जो बाद में उसके व्यक्तित्व को आकार देने में महत्वपूर्ण भूमिका निभाते हैं। बच्चा पैदा करने का पूरा बोझ और बच्चे के पालन-पोषण का बड़ा हिस्सा परिवार में महिला द्वारा किया जाता है। वह मुख्य रूप से बच्चे की आत्म-नियंत्रण, सुव्यवस्था, परिश्रम, ईमानदारी की आदत के लिए जिम्मेदार है। बच्चे के विकास की सबसे प्रारंभिक अवधि के दौरान उसके साथ संपर्क स्थापित करती हैं माँ।

माँ वास्तव में हर किसी के जीवन में सबसे महत्वपूर्ण भूमिका निभाती है। एक माँ के रूप में हर लड़की में 24 घंटे काम करने क्षमता होती है। ऐसा कोई काम नहीं है जो माँ नहीं कर सकती।

Few lines for Every mother

1. EVERYMOTHER LOVES AND CARES HER CHILD IN A UNCONDITIONAL MANNER.

2. SHE WAKES UP EARLY IN THE MORNING PREPARES BREAKFAST, MAKES US READY AND SENDS US SCHOOL.

3. EVERYMOTHER IS A HARD WROKING WOMEN WHO PUTS EXTRA EFFORT FOR OUR SECURED FUTURE.

4. EVERYMOTHER IS THE IDOL OFONES LIFE A INSPIRATION AND A PERSON WHOM WE RESPECTS AND LOVES MOST OF ALL.

हर माँ को समर्पित

7

गर्व है हमें स्वयं लड़की होने पर

मुझे स्वयं लड़की होने पर गर्व है क्योंकि हम निडर हैं। हम जिस चीज में विश्वास करते हैं, उसके लिए खड़े होने में सक्षम हैं, चाहे कोई भी कीमत क्यों न हो।

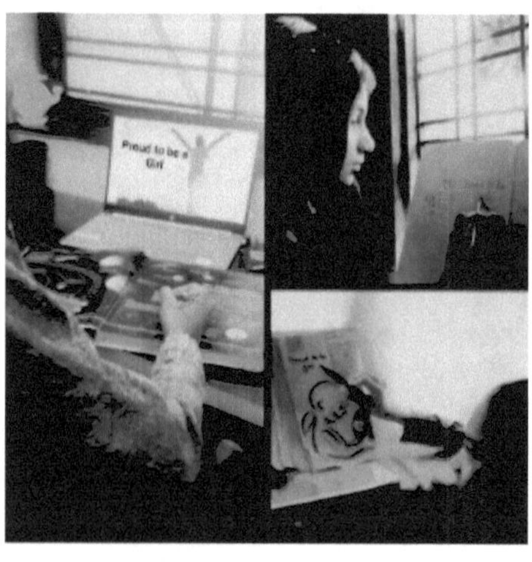

हम विरोधी तर्कों से बिना डर के असहमत हो सकते हैं स्वयं के अधिकारों के लिए लड़ सकते है ।

हमारी बुद्धि और ज्ञान हमें हमारी दुनिया में मजबूत और अपने सपनो को पूरा करने योग्य बनाते हैं। ये हर लड़की की अंतरात्मा की आवाज होती है।

लड़की के रूप में पैदा होना अपने आप में गर्व की बात है।

स्वयं लड़की होना गर्व की बात है। लड़कियों ने हर क्षेत्र में नाम कमाया है चाहे वह खेल हो या व्यवसाय, पढ़ाई में और विज्ञान के क्षेत्र में, डॉक्टर होने के नाते और सेना में शामिल होने, IAS-IPS होने और अन्य सभी चीजों में भी। ऐसी कई लड़कियां हैं जो दूसरों के लिए प्रेरणा श्रोत हैं और बहुत सारी लड़कियों की सफलता के कारण हमे स्वयं लड़की होने पर गर्व होता है।

Proud to be a girl,
Proud to have a girl

मुझे इंदिरा गांधी पर गर्व है जो सबसे जटिल राष्ट्र चला सकती हैं, मुझे ऐश्वर्या राय पर गर्व है जो अपनी सुंदरता से किसी को भी मंत्रमुग्ध कर सकती हैं, मुझे कल्पना चावला पर गर्व है जो आपकी कल्पना से परे जा सकती हैं, मुझे सानिया मिर्जा पर गर्व है जो कर सकती हैं दुनिया को दिखाओ कि कैसे खेलना है, मुझे सुधा मूर्ति पर गर्व है जो व्यापार से निपटना जानती हैं, मुझे लता मंगेशकर पर गर्व है जो गायन से आपकी आत्मा को छू सकती हैं, मुझे किरण मजूमदार शॉ पर गर्व है जो अपनी दवाओं से जान बचाती हैं, मुझे आसमान को छूने वाली गुंजन सक्सेना पर गर्व है, मुझे सिंधुताई पर और कई अन्य लोगों पर गर्व है जिन्होंने अपनी पहचान बनाई और आसमान को छुआ।मुझे गर्व है हर किसी के जीवन की सबसे महत्वपूर्ण सदस्य माँ पर ... माँ जो वास्तव में सम्मान और गर्व की पात्र है।

अगर हर लड़की को स्वतंत्रता मिलेगी या वो अपने लिए कदम उठाएगी तो हर लड़की को लड़की होने पर गर्व होगा।

सच में *लड़की होना अपने आप में गर्व की बात है।*

8

परियाँ जिन्होंने आसमान छू लिया {1}

कल्पना चावला

कल्पना चावला भारतीय मूल की अमरीकी अंतरिक्ष यात्री और अंतरिक्ष शटल मिशन विशेषज्ञ थीं। वे अंतरिक्ष में जाने वाली द्वितीय भारतीय और प्रथम भारतीय महिला थीं।

कल्पना 'कोलंबिया अन्तरिक्ष यान आपदा' में मारे गए सात अंतरिक्ष यात्री दल सदस्यों में से एक थीं। कल्पना की प्रथम अंतरिक्ष उड़ान एस.टी.एस. 87 कोलम्बिया शटल से 19 नवम्बर 1997 से 5 दिसम्बर 1997 के मध्य सम्पन्न हुई। उनकी दूसरी और आखिरी उड़ान 16 जनवरी 2003 को स्पेस शटल कोलम्बिया से शुरू हुई पर दुर्भाग्यवश 1 फरवरी 2003 को कोल्म्बिया स्पेस शटल पृथ्वी पर लैंड करने से पहले ही दुर्घटना ग्रस्त हो गया जिसमे कल्पना चावला समेत अंतरिक्ष यान के सभी 6 यात्री मारे गए।

कल्पना ने अपना नाम स्वयं चयनित किया ऐसा इसलिए हुआ कि कल्पना को औपचारिक रूप से उचित समारोह में नामित नहीं किया गया था और पास के स्कूल टैगोर बाल निकेतन में प्रवेश के दौरान , कल्पना का नाम पूछा घर पर उनका उपनाम मोंटू था, प्रिंसिपल ने कल्पना का नाम पूछा और साथ गई चाची ने जवाब दिया कि उनके तीन नाम हैं कल्पना, ज्योत्सना और सुनैना ध्यान में है , उन्होंने अभी तक फैसला नहीं किया है।कल्पना ने जवाब दिया सबसे अच्छा लगता है कल्पना दिया क्योंकि इसका मतलब विचार करना है। जिस नाम से उन्होंने कल्पना को चुना था, वह एक बेहद रचनात्मक और कल्पनाशील बच्ची थी, जब कि उनका परिवार छोटे घर की छत पर सोता था तब छोटी बच्ची रात में टिम-टिमाते सितारों को देखने के लिए घंटों जागती रहती थी, जैसे सितारों के साथ वह आकर्षक थी |

कल्पना चावला का जन्म हरियाणा के करनाल शहर में 17 मार्च 1962 को हुआ था। उनके पिता का नाम बनारसी लाल चावला और माता का नाम संजयोती है। कल्पना अपने परिवार में चार भाई-बहनो मे सबसे छोटी थीं। कल्पना की प्रारंभिक शिक्षा करनाल के "टैगोर बाल निकेतन सीनियर सेकेंडरी स्कूल" मे हुई।

बचपन से ही उन्हें एरोनाटिक इंजीनियर बनने का शौक था। उनके पिता उन्हें डॉक्टर या शिक्षिका बनाना चाहते थे पर कल्पना बचपन से ही अंतरिक्ष में भ्रमण करने की कल्पना किया करती थी।

अपने सपने को साकार करने के लिए कल्पना चावला ने पंजाब इंजीनियरिंग कॉलेज चंडीगढ़ में 'एरोनौटिकल इंजीनियरिंग' पढ़ने के लिए 'बी.इ.' में दाखिला लिया और सन 1982 में 'एरोनौटिकल इंजीनियरिंग' की डिग्री भी हासिल कर ली।

इसके पश्चात कल्पना अमेरिका चली गयीं और सन 1982 में 'टेक्सास विश्वविद्यालय' में 'एयरोस्पेस इंजीनियरिंग' में स्नातकोत्तर करने के लिए दाखिला लिया। उन्होंने इस कोर्स को सन 1984 में सफलता पूर्वक पूरा किया। उनके अन्तरिक्ष यात्री बनने की इच्छा इतनी प्रबल थी कि उन्होंने सन 1986 में 'एयरोस्पेस इंजीनियरिंग' में दूसरा स्नातकोत्तर भी किया और उसके बाद कोलराडो विश्वविद्यालय से सन 1988 में 'एयरोस्पेस इंजीनियरिंग' विषय में पी.एच.डी. भी पूरा किया।

सन 1988 में उन्होंने नासा के 'अमेस रिसर्च सेण्टर' में 'ओवरसेट मेथड्स इंक' में बतौर उपाध्यक्ष कार्य करना प्रारंभ किया। वहां उन्होंने वी/एसटीओएल में सीएफ़डी पर अनुसंधान किया।

कल्पना चावला को हवाई जहाज़ों, ग्लाइडरों व व्यावसायिक विमानचालन के लाइसेंसों के लिए प्रमाणित उड़ान प्रशिक्षक का दर्ज़ा हासिल था। उन्हें एकल व बहु-इंजन वायुयानों के लिए व्यावसायिक विमानचालक के लाइसेंस भी प्राप्त थे।

सन 1991 में कल्पना चावला ने अमेरिका की नागरिकता हासिल कर ली और नासा एस्ट्रोनौट कोर्प के लिए आवेदन कर दिया। मार्च 1995 में उन्होंने नासा एस्ट्रोनौट कोर्प ज्वाइन कर लिया और उन्हें सन 1996 में पहली उड़ान के लिए चुना गया।

उनकी पहली उड़ान अंतरिक्ष यान कोलंबिया (फ्लाइट संख्या एसटीएस-87) में 19 नवम्बर 1997 को प्रारंभ हुई। इस अंतरिक्ष यात्रा के दौरान कल्पना चावला समेत दल में कुल 6 सदस्य थे।

इसके उड़ान के साथ वे अंतरिक्ष की यात्रा करने वाली पहली भारतीय महिला और दूसरी भारतीय बन गयीं। इससे पहले भारत के राकेश शर्मा ने सन 1984 में अंतरिक्ष की यात्रा की थी। अपने पहली उड़ान में कल्पना चावला ने लगभग 1 करोड़ मील की यात्रा की (जो पृथ्वी के लगभग 252 चक्कर के बराबर था)।

उन्होंने कुल 372 घंटे अंतरिक्ष में बिताये। इस यात्रा के दौरान उन्हें स्पार्टन उपग्रह को स्थापित करने की जिम्मेदारी सौंपी गयी थी पर इस उपग्रह ने ठीक से कार्य नहीं किया जिसके स्वरुप इस उपग्रह को पकड़ने के लिए दो अंतरिक्ष यात्रियों विंस्टन स्कॉट और तकाओ दोई को अंतरिक्ष वाक करना पड़ा।

इस गड़बड़ी की वजह जानने के लिए नासा ने 5 महीने तक जांच की जिसके बाद यह पाया गया कि यह गड़बड़ी कल्पना के वजह से नहीं बल्कि सॉफ्टवेयर इंटरफ़ेस और फ्लाइट क्रू और ग्राउंड कण्ट्रोल के कार्यप्रणाली में खामियों के वजह से हुई थी।

उनकी पहली अंतरिक्ष यात्रा (एसटीएस-87) के बाद इससे जुड़ी गतिविधियाँ पूरी करने के बाद कल्पना चावला को एस्ट्रोनॉट कार्यालय में 'स्पेस स्टेशन' पर कार्य करने की तकनीकि जिम्मेदारी सौंपी गयी।

सन 2002 में कल्पना को उनके दूसरे अंतरिक्ष उड़ान के लिए चुना गया। उन्हें कोलंबिया अंतरिक्ष यान के एसटीएस-107 उड़ान के दल में शामिल किया गया। कुछ तकनीकी और अन्य कारणों से यह अभियान लगातार पीछे सरकता रहा और अंततः 16 जनवरी 2003 को कल्पना ने कोलंबिया पर चढ़ कर एसटीएस-107 मिशन का आरंभ किया।

उड़ान दल की ज़िम्मेदारियों में शामिल थे लघुगुरुत्व प्रयोग जिसके लिए दल ने 80 प्रयोग किए और जिनके जरिए पृथ्वी व अंतरिक्ष विज्ञान, उन्नत तकनीक विकास व अंतरिक्ष यात्री स्वास्थ्य व सुरक्षा का भी अध्ययन किया गया।

कोलंबिया अन्तरिक्ष यान के इस अभियान में कल्पना के अन्य यात्री थे- कमांडर रिक डी. हस्बैंड, पायलट विलियम सी मैकूल, कमांडर माइकल पी एंडरसन, इलान रामों, डेविड एम ब्राउन और लौरेल क्लार्क।

कोलंबिया अंतरिक्षयान हादसा और कल्पना चावला की मृत्यु भारत की पहली महिला अंतरिक्ष यात्री कल्पना चावला की दूसरी अंतरिक्ष यात्रा ही उनकी अंतिम यात्रा साबित हुई।

अपने सभी अनुसंधान के उपरांत वापसी के समय कोलंबिया अंतरिक्षयान पृथ्वी के वायुमंडल मे प्रवेश करते ही टूटकर बिखर गया और देखते ही देखते अंतरिक्ष यान और उसमें सवार सातों यात्रियों ख़ाक हो गए।

नासा ही नहीं बल्कि सम्पूर्ण विश्व के लिये यह एक दर्दनाक घटना थी।

एक और परी की कहानी जिसने आकाश को छुआ है अगले अध्याय में जारी है।

9

परियाँ जिन्होंने आसमान छू लिया {2}

कहानी गुंजन सक्सेना की ...

फ्लाइट लेफ्टिनेंट गुंजन सक्सेना एक भारतीय वायु सेना अधिकारी और पूर्व हेलीकॉप्टर पायलट हैं। वो 1994 में IAF में शामिल हुईं और 1999 के कारगिल युद्ध की दिग्गज हैं।वो कारगिल युद्ध का हिस्सा बनने वाली दो महिला वायु सेना अधिकारियों में से एक हैं, जिसके कारण वो अपनी सहयोगी श्रीविद्या राजन के बाद युद्ध में जाने वाली दूसरी महिला वायु सेना अधिकारी हैं , वह भारतीय वायुसेना से फ्लाइट लेफ्टिनेंट श्रीविद्या राजन के साथ चीता हेलीकॉप्टर उड़ाने वाले युद्ध क्षेत्र में प्रवेश करने वाली दो महिलाओं में से पहली हैं।कारगिल युद्ध के दौरान उनकी मुख्य भूमिकाओं में से एक कारगिल से घायलों को निकालना, परिवहन आपूर्ति और निगरानी में सहायता करना था। वह कारगिल से घायल और मृत 900 से अधिक सैनिकों को निकालने के लिए ऑपरेशन का हिस्सा बन गईं। 2004 में आठ साल तक पायलट के रूप में सेवा के बाद उन्होंने एक हेलीकॉप्टर पायलट के रूप में अपना करियर समाप्त किया, क्योंकि उस समय महिलाओं के लिए स्थायी कमीशन उपलब्ध नहीं था।

2020 में बनाई गई बॉलीवुड फिल्म गुंजन सक्सेना: द कारगिल गर्ल उनके जीवन से प्रेरित है। उनकी अत्यधिक प्रशंसित बेस्टसेलिंग आत्मकथा "द कारगिल गर्ल" को पेंगुइन द्वारा फिल्म के साथ रिलीज़ किया गया |

गुंजन का जन्म एक सेना परिवार में हुआ था। उनके पिता लेफ्टिनेंट कर्नल अनूप कुमार सक्सेना और भाई लेफ्टिनेंट कर्नल अंशुमान, दोनों ने भारतीय थलसेना में सेवा की।सक्सेना ने नई दिल्ली में दिल्ली विश्वविद्यालय के हंसराज कॉलेज से भौतिकी में विज्ञान स्नातक की उपाधि प्राप्त की। सक्सेना उन छह महिलाओं में से एक थीं जो 1996 में भारतीय वायु सेना में पायलट के रूप में शामिल हुईं। यह वायु सेना के लिए महिला वायु सेना प्रशिक्षुओं का चौथा बैच था।

उन छह महिला प्रशिक्षुओं में फ्लाइट लेफ्टिनेंट श्रीविद्या राजन शामिल थी, जो युद्ध क्षेत्र में चीता उड़ाने के लिए भी जाती थी। सक्सेना

की पहली पोस्टिंग फ्लाइट लेफ्टिनेंट के रूप में 132 फॉरवर्ड एरिया कंट्रोल (एफएसी) के हिस्से में उधमपुर में हुई थी।हालांकि वे याद करती हैं कि पुरुष पायलटों ने उनकी अपेक्षा से अधिक तेजी से उनके पद को स्वीकार किया। फ्लाइंग ऑफिसर सक्सेना 24 साल की थीं जब उन्होंने कारगिल युद्ध के दौरान उड़ान भरी और श्रीनगर में तैनात हुई।

कारगिल युद्ध में ऑपरेशन विजय के भाग में जखिमयों को निकालने के अलावा उन्होंने द्रास और बातालिक के अग्रिम क्षेत्रों में सैनिकों को परिवहन आपूर्ति में मदद की। उन्हें दुश्मन के स्थान का पता लगाने जैसी निगरानी भूमिकाएँ भी सौंपी गईं।

उन्हें अस्थायी लैंडिंग की जमीन, 13,000 से 18,000 फीट की ऊंचाई और दुश्मन की गोलियों से निपटना पड़ा। वे दस पायलटों में से एक थी, और श्रीनगर में स्थित एकमात्र महिला पायलट थी जिन्होंने युद्ध के दौरान सैकड़ों उड़ानें भरीं, जिसमें 900 से अधिक हताहत हुए, घायल हुए और मारे गए लोगों को निकाला गया। सक्सेना भारतीय सशस्त्र बलों में एकमात्र महिला थीं जिन्होंने कारगिल युद्ध में युद्ध क्षेत्रों में उड़ान भरी थी।2004 में एक हेलीकॉप्टर पायलट के रूप में उन्होंने अपने करियर को सात साल की सेवा के बाद समाप्त किया। उनके समय के दौरान सेवा में स्थायी कमीशन उपलब्ध नहीं था ।

और भी बहुत सी परियाँ हैं जिन्होंने आसमान को छुआ। अगर हर लड़की अपने आप में विश्वास रखे और अपने लिए कदम उठाए तो वे निश्चित रूप से आसमान को छू लेंगी। अगर हर लड़की को स्वतंत्रता मिले तो वह दिन दूर नहीं जब इस देश को और अधिक परियाँ मिलेंगी।

10
लड़कियाँ सब कुछ कर सकती है

लड़कियाँ अगर स्वयं पर विश्वास करती हैं तो सब कुछ कर सकती हैं। हिमा दास, मदर टेरेसा, साइना नेहवाल, कल्पना चावला, इंदिरा गांधी, रानी लक्ष्मीबाई, पीटी उषा, गुजान सक्सेना, अरुणिमा सिन्हा, इरा सिंघल, सरोजिनी नायडो, किरण बेदी, सावित्रीबाई, सिंधुताई सपकाल, मैरी कॉम, लक्ष्मी अग्रवाल, सुनीता कृष्णन और कई अन्य लड़कियों ने साबित कर दिया कि ऐसा कोई काम नहीं है जो एक लड़की नहीं कर सकती।

ऐसा कोई काम नहीं है जो एक लड़की नहीं कर सकती।

लड़कियाँ सब कुछ कर सकती है

हमें केवल अपने आप पर विश्वास करने की जरूरत है। यदि हम भेदभाव के खिलाफ लड़ें , अपने अधिकारों के लिए कदम उठाए तो हम निश्चित रूप से सब कुछ कर सकते हैं।

लड़कियां कल्पना चावला की तरह आसमान छू सकती हैं, लड़कियां इंदिरा गांधी जैसे देश चला सकती हैं, लड़कियां इरा सिंघल की तरह जिले का प्रशासन चला सकती हैं, लड़कियां अरुणिमा सिन्हा की तरह पहाड़ पर चढ़ सकती हैं, लड़कियां गुंजन सक्सेना की तरह उड़ सकती हैं, लड़कियां पी.टी. उषा, साइना नेहवाल, पी.वी. सिंधु, हिमा दास जैसे

अपना नाम कमा सकती है , लड़कियां अपने अधिकारों के लिए लड़ सकती हैं, लड़कियां रानी लक्ष्मी बाई की तरह इतिहास बना सकती हैं, लड़कियां मदर टेरेसा की तरह समाज सुधारक हो सकती हैं, लड़कियां 24 घंटे काम कर सकती हैं और हर मां की तरह घर चला सकती हैं और लड़कियां वो सब कर सकती है, जो वे करना चाहती हैं।

स्वयं पर विश्वास रखें

कभी भी संदेह न करें कि आप मूल्यवान और शक्तिशाली हैं, और अपने सपनों को आगे बढ़ाने और प्राप्त करने के लिए दुनिया में हर अवसर के योग्य हैं।

यह कभी न भूलें कि एक लड़की वह सब कुछ कर सकती है जो वह वास्तव में सोच सकती है और करना चाहती है।

11

लड़की के बिना संसार असंभव

अगर लड़की नहीं तो, माँ नहीं और माँ नहीं तो, जीवन नहीं।

लड़की के बिना दुनिया? अगर लड़की नहीं होती तो फिर माँ भी नहीं और मानव जीवन भी नहीं होता।

लड़की के बिना मानव जीवन असंभव है। दुनिया मानव के बिना ही होती केवल सूक्ष्मजीव, पक्षी और जानवर होते। इसलिए लड़की के अस्तित्व का सम्मान करें। और कल्पना करें कि मान लो यदि लड़कियाँ ही नहीं

होती तो फिर बच्चो की देखभाल कौन करता , कौन घर को संभालता , कौन परिवार की देखभाल करता ,कौन ईंटों के मकान को घर बनाता ,कौन साइना नेहवाल, हिमा दास, पी. टी. उषा, पी.वी. सिंधु और कई अन्य ऐसे भारत का नाम पूरे विश्व में कौन रोशन करता अगर लड़कियों का अस्तित्व नहीं होता।

लड़की के अस्तित्व का सम्मान करें

लड़की के अस्तित्व का सम्मान करें , लड़की के बिना ये संसार
अधूरा है।

लड़की घर चलाती है, वह अपने बच्चे की देखभाल करती है, वह दुनिया को रोशन करती है। दुनिया में अपनी उपस्थिति का एहसास करवाती है, यह बिना पंखों की एक चिड़िया की तरह है, लेकिन कुछ संकीर्ण सोच वालों द्वारा उन्हें सम्मान नहीं दिया जाता है, कुछ उन्हें चोट पहुंचाते है, कुछ ने उनके सपनों और इच्छाओं को चकनाचूर कर दिया है। केवल हम ही अपनी दुनिया को बदल सकते हैं, वास्तव में लड़कियाँ ही हर किसी की दुनिया के स्तंभ हैं। लड़की के बिना दुनिया अधूरी है, उनका सम्मान करें, उनका समर्थन करें, उन्हें महत्व दें।

12

कविता:क्यों नहीं मुझे? ~निमिषा सोनारे

क्यों नहीं मुझे? ~निमिषा सोनारे।

"क्यों नहीं मुझे?
मेरी पहचान होनी चाहिए।
क्यों नहीं मुझे?
आसमान को छूना चाहिए।
क्यों नहीं मुझे?
रूढ़िबद्ध धारणा को चुनौती देनी चाहिए।
क्यों नहीं मुझे?
अपने अधिकारों के लिए लड़ना चाहिए।
क्यों नहीं मुझे?
मेरी प्रतिभा का सम्मान करना चाहिए।
क्यों नहीं मुझे?
खुशहाल जीवन जीना चाहिए।
क्यों नही मुझे ?
असमानता को मिटाना चाहिए।
क्यों नही मुझे?
इतिहास रचना चाहिए।
क्यों नही मुझे?
हर जंग जीतनी चाहिए।
क्यों नही मुझे ?
अपने सपनों को पुरा करना चाहिए।
~निमिषा सोनारे"

शपथ: हर लड़की का सम्मान करने की

"शपथ : हर लड़की का सम्मान करने की~
शपथ लिजिये :~कभी किसी लड़की के साथ गलत न करे
और किसी लड़की के साथ अन्याय या कुछ गलत होते देखे
तो उनकी सहायता करे और उनके साथ हो रहे अन्याय के
खिलाफ़ आवाज़ उठाए। अपनी ओर से पूरी कोशिश करे यह
अन्याय और भेदभाव खत्म करने की। हमेशा प्रत्येक लड़की
का , प्रत्येक नारी का सम्मान करे। "

हर लड़की को समर्पित

सभी लोग देवीओं की पूजा करते हैं और उनका सम्मान करते हैं, हालांकि वे भी नारी हैं। लड़कियाँ तो देवी की असली अवतार हैं, वे भी शक्ति का दूसरा नाम हैं। कम से कम आप उनकी पूजा नहीं कर रहे हैं,तो आप उनका सम्मान तो कर ही सकते हैं, उनका समर्थन कर सकते हैं, उन्हें शिक्षित कर सकते है ,

उन्हें उनके अधिकार दे सकते है और उन्हें उनके सपनों को स्वतंत्रता से पूरा करने दे सकते है।

हर लड़की का सम्मान करें, उन्हें शिक्षित करे।

डेफिनेशन ऑफ़ गर्ल का हिंदी अनुवाद

डेफिनेशन ऑफ़ गर्ल की लेखिका :~निमिषा सोनारे

www.ingramcontent.com/pod-product-compliance
Lightning Source LLC
Chambersburg PA
CBHW020504160726
47991CB00007B/2800